À pas de loup

Alex, le petit joueur de hockey

Texte : Gilles Tibo
Illustrations : Philippe Germain

Dominique et compagnie

Préface

Bonjour,

Moi, je m'appelle Jeffrey Geoffrion et j'ai huit ans. Tu ne sais pas ce que j'ai fait aujourd'hui ? Eh bien, j'ai joué au hockey avec mes amis, j'ai dîné, j'ai joué au hockey, j'ai soupé, puis j'ai encore joué un peu...

J'ai aussi participé à un concours. Si je gagne, je recevrai un équipement de hockey. Wow ! C'est mon grand rêve !

Des fois, aussi, je rêve que je n'arrête pas de marquer des buts et que mon équipe gagne 50 à 0.

Tu sais quoi ? Je viens de découvrir que j'ai un nouvel ami. C'est Alex, le héros de ce livre. Il a exactement les mêmes rêves que moi... Je suis certain qu'il deviendra ton ami.

Bonne lecture !

Jeffrey Geoffrion

École Louis-Hippolyte-Lafontaine
Montréal

Mon chien s'appelle Touli. C'est un excellent gardien de but. Il peut attraper un ballon, une balle et même une rondelle de hockey.

Moi, je m'appelle Alex. Dans la ruelle, je marque cent buts par jour. Je suis le plus grand joueur de hockey du monde. Mais j'ai un gros problème : je n'ai pas de patins, pas de rondelle, pas de casque, pas de jambières, pas de protège-coudes.

J'aimerais avoir un véritable équipement
de hockey, comme les joueurs que je vois à
la télévision.

Chaque nuit, je fais le même rêve : je saute sur la glace avec mon bel équipement neuf. Touli me fait une passe. Je déjoue le premier défenseur. Je déjoue le deuxième et je me retrouve seul devant le gardien. Je lance à sa gauche. La rondelle monte en tourbillonnant. La foule retient son souffle, et... et... la rondelle tombe au fond du but !

Mon équipe gagne dix à zéro. C'est moi qui
ai compté les dix buts. Je suis le meilleur joueur du
monde dans mon beau chandail de gagnant !

Malheureusement, le matin,
je m'éveille toujours dans mon
vieux pyjama. Au petit déjeuner,
je place une boîte de céréales sur
deux autres boîtes. En marquant
des buts avec les flocons d'avoine,
je dis à mon père :
– Je voudrais avoir un vrai
équipement de hockey !

À midi, ma cuillère et ma fourchette deviennent deux joueurs qui se disputent des petites rondelles de carotte. En déjouant mes adversaires, je dis à ma mère :
—Je voudrais avoir un vrai de vrai équipement de hockey !

L'après-midi, à l'heure du goûter,
je lance des morceaux de biscuits dans mon
verre de lait. Après plusieurs tirs parfaits, je dis :
– Papa, j'aimerais avoir un vrai de vrai
de vrai équipement de hockey !

Le soir, je sculpte un but dans ma purée de pommes de terre. En lançant des boulettes de viande, je dis :
— Maman, j'aimerais avoir un vrai de vrai de vrai de vrai équipement de hockey !

Après le souper, je fais mes devoirs. Mes
crayons deviennent des bâtons, mon étui se
transforme en but, et ma gomme ressemble
à une rondelle. Pendant que je me fais des
passes par la gauche, par la droite, je répète :
—J'aimerais avoir un vrai de vrai de vrai
de vrai de vrai équipement de hockey !

Après mes devoirs, je prends mon bain.
Je construis une patinoire avec de la mousse.
Pendant que je marque mon centième but,
je répète :
—J'aimerais avoir un vrai de vrai de vrai
de vrai de vrai de vrai équipement
de hockey !

Après le bain, ma mère m'embrasse.
Elle m'explique :
—Alex, un équipement de hockey coûte cher,
très cher. Tu dois patienter. C'est un cadeau que
j'aimerais t'offrir avec l'aide de toute la famille.

Je téléphone à toute ma famille.
Personne ne s'intéresse au hockey.
Mon grand-père ne comprend pas
pourquoi il faut courir derrière une
rondelle. Ma grand-mère ne sait
pas patiner.

Mes oncles et mes tantes
patinent sur la bottine.
Mes cousins ne s'intéressent
qu'au rouli-roulant.

Pour passer le temps, je perfectionne mon jeu. Je déjoue Touli de plus en plus facilement. Mais je suis tellement découragé que je ne lève même plus les bras au ciel en criant : HOURRA !

Je m'enferme dans ma chambre. Pour patienter, je prends un journal. Je découpe des photographies de joueurs. Je les colle sur ma porte et sur ma bibliothèque. Il y a des images jusqu'au plafond. Je regarde les joueurs patiner sur les murs. Ils marquent des buts, se font des passes, et chacun, chacun est revêtu d'un beau chandail qui brille.

Je suis de plus en plus découragé.
Sans arrêt, je pense à mon beau chandail.
Pendant le cours de mathématiques, je
compte les numéros des joueurs. Au cours
de français, j'écris le déroulement d'un
match de hockey. Pendant le cours d'arts
plastiques, je dessine des chandails de
hockey.

Tout cela me donne
une idée de génie !

Après l'école, je reviens à la maison en courant. Je prends un des vieux chandails de mon père et un des vieux foulards de ma mère. Je m'enferme dans ma chambre. J'ouvre ma boîte de crayons-feutres.

Je choisis les plus belles couleurs pour tracer des lignes, pour écrire ALEX et pour dessiner un gros NUMÉRO 1.

J'enfile le chandail et je me regarde dans le miroir. Maintenant, je ressemble à un vrai joueur de hockey !

J'écris TOULI sur le foulard. Je l'enroule autour du cou de mon beau pitou.

Maintenant, je m'appelle ALEX NUMÉRO 1 et mon chien s'appelle TOULI NUMÉRO 1. Nous sommes dans la même équipe : l'équipe des champions !

Je ne suis plus découragé. Je porte toujours mon chandail de hockey. Lui et moi, nous sommes devenus inséparables. Quand on le lave, je reste à côté de la machine à laver et j'attends. Les jours de canicule, je l'enfile et je vais courir au soleil afin qu'il sèche plus vite.

Je porte mon nouveau chandail pour aller
à l'école, pour jouer au parc, pour faire des
courses, pour me promener à vélo, pour aller
à la bibliothèque, au restaurant, au cinéma
et même pour me baigner à la piscine !

Chacun devrait porter un chandail comme
le mien, avec son nom écrit dessus. Ainsi,
je connaîtrais le nom de ma troisième voisine,
celui du boucher, de la pâtissière, du facteur,
du chauffeur d'autobus.

On pourrait créer des équipes n'importe où :
sur le trottoir, dans le métro, dans les restaurants…

Ce serait tellement plus simple sur la Terre
si tout le monde portait un chandail de hockey !

Fin de la période.

La lecture est-elle un de tes sports préférés ?

C'est ce qu'on va voir...

Essaie de répondre aux questions suivantes.

1. À l'heure du dîner, Alex utilise sa cuiller et sa fourchette pour jouer au hockey. Qu'est-ce qui lui sert de rondelle ?
a) Un morceau de carotte.
b) Une pastille pour la toux.
c) Une boulette de viande.

2. À quel sport s'intéressent les cousins d'Alex ?
a) Au ballon-balai.
b) Au rouli-roulant.
c) Au patin à roulettes.

3. Quand Alex a-t-il l'idée de se confectionner lui-même un équipement ?
a) Pendant le cours d'arts plastiques.
b) Pendant un match de hockey dans la ruelle.
c) La nuit, en rêve.

4. Quel numéro Touli porte-t-il sur son foulard ?
a) Il n'a pas de numéro. C'est un chien.
b) Le numéro deux.
c) Le numéro un, comme Alex.

Tu peux vérifier tes réponses en consultant le site Internet des éditions Dominique et compagnie, à : www.dominiqueetcompagnie.com/apasdeloup.

À cette adresse, tu trouveras aussi des informations sur les autres titres de la série, des renseignements sur l'auteur et l'illustrateur et plein d'autres choses intéressantes !

Tu as aimé cette histoire?
Tu as envie de lire toutes les aventures d'Alex?

Voici les autres titres de cette série.